W0228855

Jochen Jülicher

Solange ihr mich liebt

Texte und Gedichte
zum Abschied

echter

Bibliografische Information der Deutschen Bibliothek
Die Deutsche Bibliothek verzeichnet diese Publikation in der Deutschen
Nationalbibliografie; detaillierte bibliografische Daten sind im Internet
über <http://dnb.ddb.de> abrufbar.

© 2005 Echter Verlag GmbH, Würzburg
www.echter-verlag.de
Umschlag: Peter Hellmund (Foto: plainpicture)
Druck und Bindung: Clausen & Bosse GmbH, Leck
ISBN 3-429-02671-7

Inhalt

Solange ihr mich liebt

Solange ihr mich liebt, lebe ich weiter.
Bewahrt mich in euren Herzen.
Und wenn mein Bild in euch verblasst,
auf Dauer, jetzt noch nicht,
selbst dann wird unsre Liebe uns verbinden.

Solange ihr mich liebt, tief in euren Herzen,
lebe ich weiter,
bin ich da, wo immer ihr auch seid.
Abwesend anwesend,
auch wenn ihr es nicht spürt,
oder nur ab und zu vielleicht.

Wenn ihr traurig seid,
dass ich so nicht mehr bin,
so wisst, dass es auch mir nicht leicht fiel,
euch allein zu lassen.
Weint ruhig, aber lasst danach
auch wieder Licht in eure Herzen scheinen.

Ich werde da sein, einst, wenn ihr mich braucht
und selbst über die Schwelle tretet,
über die ich jetzt gegangen bin.
Bis dahin lebt, so viel ihr könnt,
habt lieb, so viel ihr könnt,
geht euren Weg mit Kraft zu Ende.

Bis hierher

Wir sind bis hierher mit dir gegangen,
du hast uns hierhin gebracht,
obwohl wir's gar nicht wollten.
Wir müssen dich abgeben, loslassen
und unserer eigenen Wege weiterziehen,
die ohne dich manchmal so leer erscheinen.

Es gehe dir gut, wo immer du jetzt bist,
uns vielleicht hörst und siehst,
die hier so um dich trauern.
Vergib du uns, was zu vergeben ist.
Und sei gewiss, dass auch wir dir verzeihen.
Wenn es denn sein muss,
dann wenigstens soll Frieden herrschen
für dich und uns,
du da – wir hier.
Frieden, den wir haben mit deinem Leben
und den wir finden müssen mit deinem Tod.

Was bleibt uns übrig jetzt
als zusammenzustehen, zusammenzuhalten
und Trost zu suchen,
da du ihn uns so nicht mehr gibst.
Du hast nicht umsonst gelebt,
du bist ein Teil unseres Lebens geworden,
hast Spuren eingeritzt in unsere Herzen.

Wir werden dieses Leben, darin auch deines,
auf uns nehmen
und es ein kleines Stückchen weiterführen.
Sofern du kannst, stehe uns bei
und mach es nicht zu schwer,
so ungetröstet ohne dich zu leben.
Auch wenn wir's jetzt noch gar nicht wollten,
so sagen wir dir Dank dafür,
wie du warst und wer du bist für uns
und bleiben wirst, solange wir leben.

Ich weiß

Ich weiß, du kannst selbst nichts dafür,
dass du weg bist, einfach nicht mehr da,
dass der Tod dich mitnahm und dich abberief.

Aber hast du dich denn wenigstens gewehrt,
hast für einen Augenblick
an mich, an uns gedacht,
die ohne dich jetzt weiterleben müssen?
Ist es dir zumindest schwer gefallen,
uns so allein zurückzulassen?

Ich weiß, du kannst selbst nichts dafür,
aber das allein macht es noch nicht erträglich.
Wo auch immer du jetzt sein magst,
wenn es dich irgendwo noch gibt,
sollst du wissen,
ich ruf es dir nach:
Du warst mir lieb und du wirst es bleiben.
Du sollst wissen,
dass ich es dir nicht wirklich verüble.
Du kannst selbst nichts dafür,
aber dass du gehen musstest,
das ist furchtbar hart.

Drum hab Frieden,
auch wenn ich dich
jetzt noch nicht loslassen kann,
erst nach und nach
mit deinem Leben schließen muss
und Frieden finden, irgendwann,
wenn die Erinnerung stark genug ist,
dass du endlich gehen kannst.
Adieu.

Jetzt schon?!

Musstest du wirklich so früh von uns gehen?
Uns tatsächlich schon verlassen?
Das geht doch nicht,
und jetzt schon gar nicht.
Dein Tod bleibt so fassungslos unbegreiflich.
Ich wehre mich dagegen, wo ich nur kann,
es will einfach nicht in mich hinein,
dass du nicht mehr bist.
So etwas darf mein Herz nicht
so ungeschützt berühren.

Ich halte mich fest daran, dass du weiterlebst,
dass du irgendwo bist,
in unseren Herzen, in unseren Gedanken,
dass du aufgenommen bist
für ewig in den Strom aller Liebe,
die dich auch von uns aus umgibt und begleitet.

Was sollen wir dir noch sagen,
so völlig hinter dir her?
Dass du uns lieb warst,
das hast du gewusst und gespürt,
ich hätte es dir nur gern noch mal öfter gesagt.
Und dass ich mein Leben so,
wie wir zueinander standen,
noch mal mit dir verbringen würde,

das glaube mir bitte,
auch jetzt im Moment,
da ich dich
loslassen muss.

Lebe, wo immer du lebst,
und lass mal irgendwie was
von dir hören,
spüren,
dass du nah bist
und nicht alles vergeht,
denn du bist für mich so viel mehr
als das, was der Tod wegnehmen kann.

Unfair

Das ist einfach nicht in Ordnung,
dass du jetzt tot bist.
So etwas hast du wirklich nicht verdient.
Das ist ungerecht.
Andere wollen vielleicht gar nicht mehr –
du hättest so gern noch gelebt
und wir mit dir.

Ich weiß, keiner kann wirklich etwas dafür,
doch irgendwo muss ich doch hin
mit meiner Wut, mit der Enttäuschung,
dass du nicht mehr da bist,
mir genommen, geraubt,
auf einmal für immer,
einfach so, ohne Grund –
ich kann zumindest keinen erkennen!
Es gab noch so viel zu sagen, zu leben,
gemeinsam zu tun.
Wir dachten, es wäre Zeit dafür.

Dich abzugeben,
jetzt,
so definitiv,
das war doch noch gar nicht dran.
Es geschieht einfach so, ohne mich zu fragen.

Ich bleibe zurück,
werde mich irgendwie abfinden müssen,
an dich denken aus der Ferne,
dir manchmal auch wieder ganz nah
und anders als jemals zuvor.

Wir werden uns niemals so ganz verlieren,
du, das schwöre ich dir in die Hand.
Und solange nehme ich deine Freundschaft,
deine Liebe
als Unterpfand.

Für immer nah

Du warst mir so lieb, warst mir nah, einfach da,
auch wenn wir uns nicht jeden Tag
sahen und trafen.
Aber nichts ersetzt deine Anwesenheit,
das Bewusstsein, dass es dich gibt,
dass der Griff zum Telefon
genügt, um dich bei mir zu wissen.

Du warst mir so lieb, warst mir nah, einfach da.
Es will mir nicht so recht in den Kopf,
dass das nun vorbei ist.
Mein Verstand sagt: »So ist es.«
Mein Herz sagt: »Das stimmt nicht,
denn dich hat's doch immer gegeben!« –
Nur ab und zu fällt ein Tropfen
von traurig-dankbarem Gedenken
bis tief in mein Herz,
wo es dann in mir klingt: »Danke! Adieu!
Es gehe dir gut.
Ich werde es ohne dich schaffen,
auch wenn ich es nicht will
und dich am liebsten
für immer
noch weiter
bei mir hätte.«

Doch jetzt hab Frieden,
ich lasse dich ziehen auf Wegen,
die nicht mehr die meinen sind.
Und wenn es so etwas gibt wie ein Wiedersehn,
dann freu' ich mich jetzt schon
auf den Moment,
dass du da bist, mir lieb bist und für immer nah.

... und manchmal ganz nahe bei mir

Es ist so schwer zuzulassen,
dass du nicht mehr da bist.
Du fehlst mir an allen Ecken und Enden.
Die Leere, die ohne dich herrscht,
ist oft einfach unerträglich,
dass ich ganz hilflos bin,
ausgeliefert an ein Nichts.

Dich kann keiner ersetzen,
ganz einzig bist du − warst du − für mich.
Dein Platz in meinem Leben ist unwiderruflich,
auch jetzt, da du ihn so nicht mehr einnimmst,
für immer gültig: so und nicht anders.
Dass ich dich überlebe
ist Auftrag, nicht Wahl.
Dich hat keiner gefragt,
und mich hat man auch nicht zu Rate gezogen.

Ich werde mich stellen
dem Kummer, dem Schmerz,
dem eigenen Weiterleben
und dich irgendwo wissen,
wo du jetzt bist
und manchmal ganz nahe bei mir.

Ohne Schmerzen, fast

Ich gönne dir die Ruhe,
die du hoffentlich jetzt hast,
ohne Schmerzen
geborgen zu sein
für immer und ewig.
Es tut weh,
unsagbar weh,
dass du nicht mehr da bist –
aber dich machtlos leiden zu sehen
ist auch kein Leben,
für dich nicht und nicht für mich.
Zu wissen, dass du es nicht mehr ertragen musst,
erleichtert mein Herz,
wenn ich ein wenig einsam vor mich hin weine
und manchmal gar nicht mehr aufhören mag.
Doch ich gönne dir die Ruhe, den Frieden,
endlich ohne Schmerz.
Ich hoffe, wir sehen uns wieder,
spüren für ewig, was uns im Leben verband.
Und schick mir doch ab und zu
mal ein Lächeln herüber
von da, wo du bist,
was so unvorstellbar, ungreifbar ist,
wovon ich nur hoffe und glaube,
dass es dir dort besser geht.

Wo bist du denn jetzt?

Wo bist du denn jetzt?
Bist du überhaupt irgendwo,
irgendwie?
Bei Gott und im Himmel, wie man so sagt?
Hast du Frieden gefunden?
Hörst du uns jetzt?
Ich fühle mich unendlich verlassen.

Manchmal spüre ich dich ganz nah bei mir,
für einen Augenblick, dann bist du weg,
kommst wieder, ungerufen,
und nie dann, wenn ich will.

Manchmal ist mir, du würdest in Leichtigkeit
irgendwo lachen,
wolltest mich trösten und meinen Kummer
vertreiben.
Dann wieder ungezählte Stunden und Tage,
da ich nach dir rufe – und du bist nicht da
und ich bin im Kummer versunken.

Vielleicht gibt es Frieden, irgendwann,
wenn ich dich innerlich ein wenig mehr
loszulassen vermag
und du kommen und gehen kannst,
wann immer du willst;

wenn wir unser kleines Geheimnis
der Anwesenheit
still im Herzen für uns bewahren.

Es gibt Momente,
in denen die Sonne untergeht,

plötzlich, mitten am Tage.
Wo es gerade noch hell war
herrscht wortlose Nacht.
Kein Leben mehr sichtbar, kein Mensch.
Vom Dunkel umhüllt
dringt kein Schimmer hindurch.

Hoffnung – wo bist du?
Sinn – schweige still!
Kann Liebe bedecken, was Tod ihr geraubt?
Ich weiß nicht, warum
ich jetzt weiterlebe.

Nur dass irgendwann anders
diese Welt sich wieder
auf eine andere Seite dreht,
mir befiehlt zu leben;
nur dass irgendwo anders
neues Leben entsteht
und niemand umsonst
gelebt hat und lebt;
nur dass irgendwie anders
das Dunkel sich wandelt
und wieder ein Schimmer von Licht
vordringt in finstre Gedanken.

Damit der Tod nicht
das letzte Wort spricht,
auf Widerspruch stößt
und Leben nicht einfach für immer vergeht.

Ohne Worte

Manchmal weiß man einfach nichts zu sagen,
da ist jedes Wort zu viel,
tut weh,
schlägt fehl,
blockiert,
entblößt,
was lieber noch verborgen bliebe.

Da redet man von Dingen,
die nichts sagen,
die nichts sind,
nur um das Unsagbare
nicht doch
zu Wort kommen zu lassen.

Es steht im Raum,
was keiner sieht und jeder spürt,
und findet nur das Eine nicht:
»Verzeih!«
»Hast du mich wirklich geliebt?«
»Bin ich dir wert gewesen?«
»Wirst du noch um mich sein?«

Manchmal weiß man einfach nichts zu sagen,
da ist jedes Wort zu viel,
tut weh,
schlägt fehl,
blockiert,
entblößt,
was lieber noch verborgen bliebe.

Los-Lassen

Traue dich loszulassen,
freizugeben, dich selbst
und den, um den du trauerst.
Denn du sollst weiterleben
du darfst weiterleben,
es wird immer genug da sein,
dies zu vollbringen.

Indem du ihn loslässt
verrätst du ihn nicht,
du wirst dein eigenes Leben auf dich nehmen,
Schritt für Schritt, Tag für Tag,
Stunde um Stunde.
Je weiter du kommst,
wird die Angst davor schmelzen
wie der Schnee in lang ersehnter Sonne.
Das, was war, lässt sich nicht festhalten:
Je mehr du danach greifst,
zerrinnt es wie feiner, trockner Meeressand
zwischen den Fingern.

Traue dich loszulassen, freizugeben
und scheinbar ohne Halt weiterzugehen.
Was gewachsen ist und Liebe war,
ist unvergänglich, unumkehrbar,
es wird dich tragen, wenn du dich tragen lässt,

»los-lässt« in freie Bewegung.
Erinnerung wird bleiben,
unbedrohlich, lebensstark.
Du kannst leben, glaube mir,
jetzt, sofort und immer mehr.

Wehrbar

Warum warst du immer so stark,
so kämpferisch, jeden Moment?
Ich wollte dir mehr begegnen,
wollte dich gar nicht verletzen.

Musstest du erst schwächer werden,
um so liebenswert zu erscheinen,
wie du eigentlich immer schon warst?
Warum hast du dich so dagegen gesträubt,
wonach du im Herzen verlangtest?
Angst vor der Nähe, vor dem eigenen Gefühl?
Angst davor, leben und lieben zu können?
Lieber untergehen als Held im Kampfgetümmel,
lieber verletzt sein und verwundet erliegen,
als – einfach so – berührbar zu sein?

Wie habe ich mir das Nahsein gewünscht!
Ich wäre so gern mit dir
mehr in Kontakt gekommen,
hätte dich umarmt und wäre Arm in Arm
einfach so mit dir gegangen!
Doch du warst so wehrbar,
so uneinnehmbar,
und fast immer blieb
ein kleiner Graben dazwischen.

Doch was du gesucht hast,
was jeder dir gönnte
und mancher dir gab,
das war wirklich nur das,
wogegen du dich
so heldenhaft wehrtest!

Zu Ende gekämpft

Du hast gekämpft,
mit all deinen Kräften,
lange, lebendig, so, wie du warst;
bist endlich unendlich,
endgültig geworden.

Es war nicht leicht,
dir nahe zu bleiben
bis hin an die Grenze
und dich dann doch
ziehen zu lassen auf Wegen,
die nur du gehen kannst
und keiner mit dir.

Ich hätte dich gerne gehalten,
ganz fest und für immer.
Du bist mir entwischt,
weggerutscht aus dem Leben,
geglitten, geschlafen, zu Ende gekämpft.
Nichts ging mehr –
so bist du gegangen,
dein letzter Atem ins Leere,
ausgehaucht für jetzt, für immer.

Unendlich traurig bin ich,
dass du diesen Kampf nicht gewannst,
dass all die Mühe am Ende
dich nicht mehr zurückbringt
ins Leben zu mir.
Du hast nicht verloren,
nur zu Ende gekämpft.

Der Kampf ist vorbei,
nicht die Liebe,
die uns getragen hat und weiter trägt,
die uns band und bindet
bis hinter den Horizont,
der mein Blickfeld, nicht deines, begrenzt.

Ich wünsche dir Frieden,
ohne Kampf, ohne Schmerz,
unendlich geborgen für immer.
Sei dort, wo du bist, verbunden mit mir.
Sei wachsam und sei da in dem Moment,
wenn später, nicht jetzt, zu meiner Zeit,
das Band unserer Liebe mich hinführt zu dir.

Dich lassen

Es war nicht leicht, mit dir zu gehen,
dir nahe zu bleiben,
bis ganz zuletzt,
machtlos zuzuschauen,
wie sich das Leben ständig mehr
aus dir zurückzog,
den kranken Leib zurücklassend,
die lieb gewordene Hülle,
die dich nicht mehr halten konnte und durfte,
die schwach wurde und schwächer,
vertraut und fremd zugleich,
Du und nicht-Du,
Abschiedsweh und Befreiung
aus dem viel zu engen, schmerzenden Etwas,
das dich umhüllte,
das du warst.

Es war nicht leicht, mit dir zu gehen,
dir nahe zu bleiben,
bis ganz zuletzt,
bis am Ende nichts mehr ging
und ich verlassen
dich lassen musste,
so wie du warst
und bist.

Du bist
aus meinem Leben nicht wegzunehmen,
wirst bei mir sein, irgendwie,
abwesend anwesend,
fern und nah zugleich,
und mir die Kraft geben,
die ich finden muss,
um weiterzuleben.
Adieu.

Wenn die Eltern sterben

kann ich nirgendwo mehr Kind sein.
Ich stehe selbst da, wo sie einmal standen,
ohne Rückendeckung,
denn die bin ich jetzt für andere,
für die, die nach mir kommen.

Wenn die Eltern sterben,
ist für einen Moment
die Geborgenheit vorbei.
Das hat es noch nie gegeben,
denn sie waren doch immer schon da,
und es ist unvorstellbar,
dass sie nicht für immer bleiben.

Wenn die Eltern sterben,
wird mir der Stab übergeben,
den ich weiterbringen soll, ein kleines Stück,
mein Stück, meine Strecke
im Lauf der Generationen.
Jetzt muss ich ganz erwachsen sein,
auch wenn ich es gar nicht will,
nicht bin, nicht immer.
So wie sie auch, damals,
und jetzt vorbei, für immer.

Doch die man liebt sieht man wieder,
womöglich, irgendwann,
wenn ich selbst
den Stab übergebe,
weiterreiche an die, für die ich da bin
und lebe.

Un-Fall

Ein Unfall, sagen sie,
ist passiert, sagen sie.
Genaueres wird im Bericht stehen.
Irgendwie muss es geschehen sein,
es war keiner dabei.

Nachts quält mich mein Hirn,
es braucht Bilder.
Und wenn keine da sind,
dann macht es sich welche,
lässt mir keine Ruhe.

Ich will sie auch gar nicht, die Ruhe!
Du sollst zurückkommen, zu mir, gefälligst,
sagen, es sei alles nur ein böser Traum,
aus dem ich irgendwann erwache.

Solch ein Unfall, sagen sie,
kann passieren, sagen sie,
soll nicht, darf nicht,
auf gar keinen Fall!

Wie konnte es überhaupt geschehen?
Wie waren die letzten Sekunden?
Warum war keiner dabei?
Hat es denn wirklich keiner gemerkt?

Ist einfach passiert.
Das will nicht rein bei mir,
ich kann's gar nicht glauben,
krieg's nicht in den Kopf.

Mein Herz hängt irgendwo in der Luft.
Unwirklich und wesenlos ist alles auf einmal.
Ich fühle mich nicht, denke mich nicht,
bin lieber gar nicht da,
halte mir wie ein Kind die Augen zu
und hoffe, dass keiner mich sieht.

Wie's weitergeht, weiß ich nicht,
ist mir auch völlig egal.
Versteht denn keiner,
dass nichts mehr geht?
Ich will gar nicht weiter,
will nur zurück
zu vorher,
als es noch nicht so war,
wie es ist.

Bleib noch ein kleines bisschen

Bitte, geh noch nicht weg,
bleib noch einen Moment, ein paar Momente,
ein kleines bisschen für immer bei mir!

Du kannst doch nicht einfach so weggehen,
wir sind erst gerade mittendrin
im Leben,
ich brauche dich hier,
nicht dort, wo du jetzt bist.

Drum, bitte, geh noch nicht weg,
bleib noch einen Moment, ein paar Momente,
ein kleines bisschen für immer bei mir!

Weißt du, wir haben noch einiges vor
und noch viel zu wenig hinter uns,
es geht einfach nicht, dass du jetzt schon tot bist.
Das macht mich nur wütend,
du gehörst noch gar nicht dahin,
zu den Toten.
Dein Leben war gar nicht zu Ende gelebt!

Bleib, bitte, bleib noch ein kleines bisschen,
ein kleines bisschen für immer bei mir!

Warum?

Warum musste es ausgerechnet dich treffen?
Und mich,
uns alle
mitten ins Herz.
Es macht keinen Sinn,
ich kann es mir einfach nicht erklären.
Keiner ahnte etwas von dem,
was plötzlich geschah.
Ich kann es nicht fassen,
dass du nicht mehr lebst,
nicht mehr da bist
so wie immer,
nie mehr.
Ich kann gar nicht hinsehen
und über dich reden,
als wäre alles bloß noch – Erinnerung.
Warum? Warum du? Warum jetzt?
Es ist einfach nicht zu begreifen!
Was soll ich bloß machen,
es kann doch nicht einfach so weitergehen!
Das Leben ist unwirklich ohne dich,
als könnte auch die ganze Welt
noch gar nicht verstehen,
dass es dich nicht mehr gibt.

Ohne dich

Es ist so schade um dich,
denn du warst mir wichtig,
herzlich im Innern verbunden.

Aus nächster Nähe und von weiter weg –
es war gut, dass du da warst,
dass es dich gab,
dass ich mich immer
zusammengehörig
wusste mit dir.

Für einen Moment
erschien mir ohne dich alles
ganz leer, ohne Sinn. –
Ich hab mich gefangen, wie immer,
gehe weiter, scheinbar,
als wäre kaum etwas gewesen.

Doch dass es dich nicht mehr gibt,
das begreife ich gar nicht.
Mit dir fehlt ein Glanzstück in meinem Leben.

Da, wo du deinen Platz einnahmst bei mir,
da ist ein Schatten entstanden,
kaum Licht mehr, nur Umriss
von dem, der du warst.

Es ist schade um dich
und es ist in der Welt
für mich ohne dich
auf einmal ganz anders geworden.

Es war – es ist

Es ist nicht nur
die Trauer um deinen Tod.
Es ist
auch die Trauer um dein Leben,
um all das, was vielleicht
noch möglich gewesen wäre,
was jeder dir gönnte und wollte
für dich.

Doch es war dein Leben
und alles andere
nur meine und unsere Gedanken
für dich.

Wir geben ab,
was du für uns warst.
Und auch all das,
was du hättest sein können
in unseren Augen.
Wir geben ab,
was wir für dich nötig fanden,
bekehren uns zu dem,
was du bei uns gelebt,
so wie du wirklich warst.

Möge, was dich und uns bedrängte,
vergeben sein, vergeben werden
und Frieden schaffen
für dich
und uns.

Hinsehen

Mir fehlen ganz einfach die Worte
für das, was ich empfinde,
für dich, für jetzt,
für den Moment,
da es dich nicht mehr gibt,
nicht so,
nie mehr,
wie es war.

Das lässt sich nicht sagen,
was du für mich warst,
ist nicht auf einen Nenner zu bringen.
Wenn ich an dich denke,
dann bist du lebendig
vor meinen Augen,
bis sie sich unwillkürlich mit Tränen füllen,
als wenn sie noch gar nicht zurückschauen,
lieber noch deine Gegenwart sehen wollten.

Wegschauen ist leichter jetzt
als hinzusehen, zu fühlen
den Schmerz, der in mir steckt.
Lieber flüchten
vor deiner Abwesenheit.

Am besten, es wäre nur ein böser Traum,
aus dem ich irgendwann erwache.

Mir fehlen ganz einfach die Worte
für all das, was du für mich warst
und bist
und bleiben wirst,
solange ich lebe.

Unwirklich, weit weg

Am liebsten würde ich gar nicht hinsehen
auf das, was ist
und einfach nicht wahr sein darf.
Warum wache ich nicht auf,
und alles war nur ein böser Traum?

Was soll ich noch sagen,
noch denken, noch tun?
Es ändert doch nichts daran,
dass du nicht mehr da bist,
nie mehr,
dass du nicht mehr zur Türe hereinkommst,
nie wieder.
Es strengt mich so an, weiterzuleben
ohne dich,
so unwirklich, weit weg,
und ich will nicht, dass es mir nahe kommt.

Ich sehe dich lebend, nicht tot.
Wie anders soll ich dich sehen?
Ich will dich spüren,
dich fühlen, ganz nah.
Es sag mir doch einer,
dass das alles nicht stimmt!

Stattdessen nur
Stille,
Leere.
Kein Traum mit Erwachen.
Es bleibt fest in mir drin,
dass du nicht mehr da bist
und dass ich weiter muss
ohne dich,
dass ich hinsehen muss,
zusehen, dass es weitergeht
irgendwie,
und dich nur geborgen weiß
irgendwo,
wo ich noch nicht bin.

Mein Platz ist hier,
schau her zu mir,
ich muss noch sehen,
wie Leben ohne dich überhaupt geht.

Schlagartig

Dass du gehen musstest,
so plötzlich,
ohne Warnung, ohne Zeichen –
nicht mal »tschüss« konnte ich sagen.

Jetzt grüble ich vor mich hin,
ob ich es nicht doch hätte merken können,
irgendwie erkennen, was geschehen würde;
deute jeden Blick,
jedes Wort von dir als Fingerzeig,
will nicht verstehen, dass es gar nichts gab,
was mich hätte vorbereiten oder gar deinen Tod
verhindern können.
Schlagartig und endgültig,
ohne Anlauf, ohne Frage.
Mir bleibt nichts übrig,
als dir hinterherzuwinken,
zu hoffen, dass du's wenigstens noch irgendwie
siehst oder spürst,
wie sehr ich dich vermisse.

Mag sein, dass es so für dich das Beste war,
direkt und schmerzlos,
ohne Leid, ohne Kampf.
Ich gönne es dir auch, wenn du es vielleicht
selber so wolltest,

dir vielleicht einmal wünschtest als »leichten« Tod
für später, irgendwann.
Doch ich muss jetzt damit leben,
dass du nicht mehr da bist,
von heute auf morgen, wie weggeweht.
Einfach so.
Ich muss Abschied nehmen,
bevor ich es richtig begreife,
dich ziehen lassen, weil es ist, wie es ist,
und keiner, auch du nicht,
wirklich etwas dafür konnte.

Mach's gut, für immer, und Dank dir, adieu!
Lass mich mal irgendwie wissen,
wie es dir da drüben ergeht,
auf der anderen Seite.
Immerhin war es gut, dass du da warst.
Von mir aus hättest du gerne
viel länger bleiben können,
vermutlich hättest du's selber wohl auch gewollt
und mir den Kummer erspart und den Schreck.

Ich werde klarkommen müssen, irgendwie,
werde oft an dich denken, als wärst du noch da –
und dann kaum merklich zusammenzucken,
wenn mir bewusst wird,
dass dies nur ein Wunsch von mir war.
Mach's gut!

Konjunktiv

Es hätte
noch so viel Leben geben können.
Es hätte
Chancen gegeben,
zu spät nur erkannt.

Es ist ein wenig trist,
so trostlos allein,
wie ich mich jetzt fühle,
da du nicht mehr bist.

Es wäre
mehr möglich gewesen,
wie immer,
wenn man zurückschaut
und sieht,
was wäre, wenn.

Komm her,
ich nähm dich
am liebsten
noch einmal in den Arm
und ginge
noch mal mit dir durchs Leben
und würde
dir alles vor Augen führen

und ließ nichts mehr liegen,
egal was irgendwer darüber denkt.
nur Leben leben, weiter nichts,
da sein, einfach nur du,
einfach nur so.

Es wäre
doch gar nicht schlecht
gewesen.

Nach Hause (Sehnsucht)

Natürlich wäre ich gern noch geblieben,
doch irgendwie zog es mich auch
nach Hause, ganz anderswohin,
wo meine Seele Ruhe hat,
wo dieser schwache, kranke Leib
mich nicht mehr zurückhält,
mich nicht mehr beengt.

Oh ja, es tut furchtbar weh,
Abschied zu nehmen,
nie mehr zurückzukommen.
Doch da, wo ich hingehe,
ist keine Zeit,
ist nur Weite, Unendlichkeit, Licht,
worin wir uns wieder begegnen,
ganz anders als jetzt;
wo wir da sind, für immer zu Haus.

Und auch du wirst mich einst
dort wieder treffen,
wenn du dein Leben wirklich zu Ende gelebt,
wenn du alles getan und gegeben,
was dir zu tun und zu geben aufgetragen war.

Du wirst
den Schmerz überwinden,
wirst leben in meiner Anwesenheit,
still und heimlich, wir ganz unter uns.

Ich bin nicht weit weg,
bin nach Hause gegangen.
Und denke daran:
Ich halte dir
für später, nicht jetzt,
dort, wo ich bin,
zu Hause,
ein kleines, unendlich weites
Zimmerchen frei.

Du fehlst

Das kannst du gar nicht glauben,
wie sehr du mir fehlst.
Alles erinnert mich an dich:
jedes Bild, das ich sehe und berühre,
jeder Hauch, den ich sachte spüre
auf meiner Haut,
jedes Ding, das sich legt in meine Hand,
jedes Lied, das je eine Note fand –
alles bist du, hatte von dir seinen Glanz,
ist jetzt farblos und fade und tut mir weh.

Kein Abendspaziergang an deiner Seite,
keine Nacht mehr,
in der ich deinem Atmen lausche.
So still, einfach still,
manchmal unerträglich,
weil du nicht mehr bist.

Der Mond mit romantischen Träumen
ist vom Himmel gefallen,
liegt zerbrochen da wie mein eigenes Leben
so ganz ohne dich.

Wo soll ich denn hin, warum bin ich noch da?
Warum steht die Zeit nicht einfach still
Und wartet, bis du wiederkommst?

Es ist nicht fair, nicht in Ordnung,
dass du tot bist.
Hättest wenigstens noch ein bisschen
bleiben können.

Nichts und niemand kann dich je ersetzen –
das soll auch keiner, niemals.
In mir bleibt etwas bestehen,
was von dir ist, ausschließlich nur dir gehört:
Dein Platz in mir, solange ich bin.
Ganz real, doch nicht greifbar, nur ich und du.
Wie eine Zündflamme,
die darauf wartet, sich auszuweiten,
so lebst du in mir, bis womöglich irgendwann
wir uns wieder sehen – wer weiß, was noch ist.

Es ist mit deinem Tod
das letzte Wort noch nicht gesprochen,
denn das letzte Wort soll »Liebe« sein.

Haltlos

Wolltest du wirklich nicht mehr weiter?
Es gab doch noch Möglichkeiten!
Wir hätten sicher was gefunden!
Es ist so leer ohne dich,
sonst warst du doch wenigstens noch da.
Jetzt ist alles so anders,
ich kann es gar nicht richtig begreifen.
Auf so etwas kann man sich nicht vorbereiten,
das geht nicht, nicht wirklich jedenfalls.

Ohne dich fertig zu werden,
das ist erst mal ganz fremd.
Du warst mir ans Herz gewachsen,
warst irgendwie ein Teil von mir,
unveräußerbar.
Wir hatten doch noch Leben vor uns,
nicht mehr alles,
doch glaub mir, es wäre schon gegangen.
Was hat dich bewogen,
getrieben bis zum letzten Schritt?
Ich wäre so gerne bei dir geblieben.

Dich loslassen für immer,
das geht doch gar nicht,
dafür haben wir, du und ich, viel zu viel erlebt.
Mit dir ist auch ein Teil von mir

mit hinübergegangen auf die andere Seite,
wo du jetzt irgendwo bist.
Es gehe dir gut da drüben,
hoffentlich besser als hier in der letzten Zeit.
Ach Mensch, warum bist du nur schon auf
immer gegangen?
War deine Zeit wirklich reif,
war sie wirklich gelebt,
war es schon Zeit für ein Ende?

So ganz genau weiß ich nicht, was ich fühle.
Traurigkeit, Einsamkeit, Wut:
Du hast mich allein gelassen.
Erleichterung, dass es zu Ende ist,
dass der Zustand, in dem du dich befandst,
nicht ewig dauert,
nicht andauernd quält.
Ich fühle auch Protest in mir,
gegen den Tod, gegen den Lauf der Dinge.
Egal, alles tut weh, findet keine Ruh',
fühlt sich allein auf der ganzen großen Welt,
die ohne dich so anders ist,
wie ich sie nie bedenken konnte.
Was hätt' ich denn tun soll'n,
um dich noch zu halten?
Es gab einfach kein Halten mehr!

Es sei so, ich kann nichts mehr daran machen,
es wird schon irgendwie weitergehen.

Danke für dein Leben

Es ist schön, dass es dich gab,
und gerne hätte ich dich noch bei mir behalten.
Es gibt halt Menschen, die sterben einfach
zu früh,
selbst wenn sie hundert Jahre alt würden. –
Auch dann würde ich dich noch vermissen.

Ich schaue zurück auf dein Leben,
sehe dich hier, sehe dich da, ganz lebendig.
Eigentlich ist es unvorstellbar,
dass dies vorbei ist,
dass wir nicht mehr gemeinsam
nach vorne schauen können,
dass aus all unseren Plänen,
Gedanken und Wünschen
jetzt einfach nichts mehr wird.

Vielleicht besteht ein Großteil des Lebenssinns
einfach nur darin,
das Leben zu leben, so wie es ist,
sich in Freude zu freuen,
in Trauer zu trauern und Kummer zu tragen,
doch in all dem den Funken zu wahren,
der einen im Innern am Leben erhält,
nie den Respekt vor dem Leben zu verlieren,
das Schicksal anzunehmen, wie es kommt.

Es war gut, dass es dich gab,
ein Leben ohne dich hätte ich mir gar nicht
vorstellen können und wollen.
Und auch wenn es jetzt schwer ist, so ohne dich
zu leben,
werde ich gerne zurückdenken an dich, an uns,
mit all dem, was wir füreinander waren
und sind
und bleiben werden,
solange ich lebe.

Es ist vorbei,

zu Ende für immer.
Was bleibt, ist Abschied, Erinnerung,
deine Spuren in meinem Herzen,
in meinem Leben.
Spuren, die jetzt wehtun und brennen,
weil dein Tod sie ganz tief in mich eingräbt,
völlig unauswischbar,
vielleicht irgendwann einmal weniger
schmerzlich,
aber immer präsent.

Und immer wird es mir,
wenn ich deinen Namen hören werde,
einen kleinen Stich versetzen,
mitten ins Herz.

Wie sehr wünschte ich dich wieder hierher,
aber allein schon dass du mir so fehlst,
lässt mich mit dir verbunden sein,
jetzt und für immer:
Es ist nie ganz vorbei.

Ein kleiner Funke Hoffnung

Diese CD führt das Anliegen des Buches
*Es wird alles wieder gut, aber nie mehr wie
vorher* weiter. In gesprochenen Texten und
Übungen zu meditativer Gitarrenmusik
bietet Jochen Jülicher konkrete Hilfen zur
Trauerarbeit an.

Jochen Jülicher
**Ein kleiner Funke
Hoffnung**
mit Musik von Bernhard
von der Goltz
ISBN 3-429-02386-6

echter verlag
www.echter-verlag.de